अनबाउंड स्क्रिप्ट

रवीन्द्र कालिया

मेरी पाठशालाएँ

उस दिन से मैनें चोरी नहीं की

मैं पाँच या छः साल का था; जब पहली बार स्कूल का मुँह देखा। उस रोज पहली अप्रैल रही होगी, क्योंकि स्कूल के रजिस्टरों में मेरी यही जन्मतिथि दर्ज है। जबकि मुझे अच्छी तरह याद है, मैं ग्यारह नवम्बर 1938 को पैदा हुआ था। आपको मेरी याददाश्त की दाद देनी चाहिए। मगर आपसे मैं कुछ भी छिपाना नहीं चाहता, इसलिए सच्ची बात बताये देता हूँ। मैं जब ज़रा बड़ा हुआ तो मुझे पता चला कि मेरे पैदा होते ही मेरे पापा ने कुरान शरीफ़ के पहले पन्ने पर मेरी जन्म तिथि लिख ली थी। कुरान शरीफ़ का हमारे घर में उतना ही आदर था जितना गीता, गुरु ग्रन्थ साहब, रामायण, वेद-पुराण या सत्यार्थ प्रकाश का। मेरे पैदा होते ही घर में एक और घटना हुई थी। उसे घटना ही कहा जायेगा। हमारे घर में अलार्म घड़ी नहीं थी। जिस रोज मैं पैदा हुआ, एक घड़ी भी खरीद ली गयी। सुबह घड़ी खरीदी गयी और दोपहर को मैं आ विराजा।

वह घड़ी आज भी हमारे घर में है और आज भी ठीक समय बताती है। अड़तीस बरस पहले खरीदी गयी उस घड़ी को ठीक काम करते देख मुझे बड़ा बल मिलता है। फर्क सिर्फ इतना है कि मैं घड़ी की तरह नियमित तो नहीं, मगर ग़लत समय नहीं बताता। वक्त की नब्ज़ हमेशा पहचानने की कोशिश करता हूँ।

जिस स्कूल में मुझे दाखिल करवाया गया था, मेरे पिता भी उसी स्कूल में पढ़े थे। बाद में वह उसी स्कूल में अध्यापक हो गये। वह तब तक उसी स्कूल में पढ़ाते रहे, जब तक रिटायर नहीं हो गये। पहले मेरे भाई को और बाद में मुझे भी उसी स्कूल में डाला गया।

अब आपको उस दिन की बात बताना चाहता हूँ जब मैं पहली बार स्कूल गया। मेरे लिए नये कपड़े सिलवाये गये थे। सुबह-सुबह माँ ने दही खिलाया, जाते समय मुँह में गुड़ का एक टुकड़ा डाला, गोशाला में कुछ चारा भिजवाया गया, मगर मेरा कलेजा डूब रहा था। मेरा भाई स्कूल जाने से बहुत कतराता था और घंटों सीढ़ियों पर खड़ा रोता रहता था। (बाद में उसने विसकान्सिन विश्वविद्यालय

से प्रथम श्रेणी में एम० ए० किया) जब तक उसकी पिटाई न हो जाती वह सीढ़ियाँ नहीं उतरता था। मेरी हालत पहले दिन ही खस्ता हो गयी। हमारे मकान मालिक का लड़का कुलभूषण भी उसी दिन स्कूल में प्रवेश पाने वाला था, मगर वह खुशी और उत्साह में उछल रहा था। मुझे उसकी बेवकूफी से और तकलीफ हो रही थी। मेरे भाई को दो चीज़ों से उन दिनों सख्त चिढ़ थी, एक बाल कटवाने से और दूसरी स्कूल जाने से। मैंने लगभग रोते हुए भाई से पूछा, 'भाई, एक बात बताओ, क्या स्कूल जाने में उतनी ही तकलीफ़ होती है, जितनी बाल कटवाने में?'

मेरा भाई मेरे बेवकूफी भरे सवाल पर हँसा और उत्तर दिये बगैर सीढ़ियाँ उतर गया।

मेरा स्कूल घर के पास ही था। दाखिल होने से पहले मैं खेल-खेल में ही वहाँ तक हो आता था। एक रईस ने अपने हवेली-नुमा मकान के नीचे के दो बड़े हाल यह सोच कर स्कूल को दे दिये थे कि उसके बच्चों को आराम रहेगा, नीचे उतरे कि स्कूल पहुँच गये। मगर जैसे दीपक तले अंधेरा होता है, उसी तरह उस रईस के घर

के नीचे उसके बच्चों के लिए अंधेरा ही अंधेरा था। एक भी बच्चा पढ़ नहीं पाया। बहुत साल बाद जब मैं जालंधर गया तो मैंने देखा वे लड़के सफलतापूर्वक रेस्तरां चला रहे थे और कुलभूषण अंग्रेजी दवाओं का कारोबार कर रहा था।

स्कूल पहुँच कर मुझे बहुत सदमा लगा। मैंने ऐसे स्कूल की कल्पना नहीं की थी। दो तीन कतारों में टाट बिछे थे, उन पर बच्चा लोग इस तरह बैठे थे जैसे नन्हें मुन्नों की बारात में अभी भोजन की पत्तलें सामने लगा दी जायेंगी। मगर तभी प्रार्थना शुरू हो गयी। गायत्री मंत्र का गलत सलत पाठ हुआ। उन दिनों नर्सरी राइम के नाम पर 'उठ जाग मुसाफिर भोर भई अब रैन कहाँ जो सोवत है' किस्म की चीजें याद करवाई जाती थीं।

स्कूल में दो कमरे थे और दो अध्यापक। दूसरी कक्षा के अध्यापक हेडमास्टर थे और पहली कक्षा के अध्यापक सैकेण्ड मास्टर। दोनों अध्यापकों का हुलिया भुलाये नहीं भूलता। हमारी कक्षा के अध्यापक एक बूढ़े व्यक्ति थे। दाढ़ी बढ़ी हुई, कोट फटा

हुआ, हाथ में बाबा आदम के जमाने की छड़ी। इन सब से ऊपर कूबड़। बहुत जल्दी क्रोध में आ जाते।

हैडमास्टर साहब मंगतराम जी उनसे भी दो कदम आगे थे। वे दिन भर अपनी कुर्सी पर बैठकर ऊँघते रहते। दाढ़ी उनकी भी बढ़ी रहती। कोट उनका भी थिगलियों से जगह-जगह सिला था। कुहनियाँ फटी हुईं। मैं पहले दिन प्रणाम करने गया तो उनके आशीर्वचनों के साथ जो मुँह से दुर्गंध आई वह आज भी नहीं भूल पाया। वे एक मैली-सी गोल टोपी हमेशा पहने रहते, जो तेल में सन चुकी थी। इस सबके बावजूद हमारे मन में जाने क्यों उनके प्रति आदर की अगाध भावना थी। अगर कभी हमें वे बाजार में मिल जाते तो हम 'नमस्ते मास्टर सॉब' कह कर अपने जीवन को सार्थक मानते। वे द्वितीय महायुद्ध और स्वाधीनता संग्राम के दिन थे। आकाश में कोई हवाई जहाज उड़ता हुआ निकल जाता तो तमाम बच्चे हवाई जहाज देखने क्लास से निकल सड़क पर आ जाते। 'टोडी बच्चा हाय हाय' करते हम स्कूल पहुँचते और 'इन्किलाब जिन्दाबाद' करते लौटते। अगर कभी गली में कोई

अंग्रेज आता जाता दिख जाता तो हैडमास्टर साहब बच्चों को बाहर चौराहे पर दस पाँच पंक्तियों में खड़ा कर देते और सामूहिक रूप से पहाड़ा याद कराया जाता।

इक दूनी दो, दो दूनी चार

अंग्रेजों को देखकर बच्चों में भी अपार उत्साह आ जाता। अंग्रेज लोग बड़े कौतुक से यह सब को देखते। बच्चों की तस्वीरें खींचते। हैडमास्टर साहब की तस्वीर खींचते तो वे अपनी टोपी ठीक करने लगते। उन लोगों की उपस्थिति में तो हम लोग बहुत तन्मयता से एक साथ पहाड़ा गाते। मास्टर साहब बच्चों की कतार के बीच घूम-घूम कर देखते रहते कि कोई बच्चा चुप तो नहीं है। कोई चुप होता तो उसकी टांगों पर छड़ी मार कर वह आगे निकल जाते। मगर अंग्रेजों के जाते ही 'टोडी बच्चा हाय-हाय' से पूरा मुहल्ला गूँज जाता। मास्टर जी बहुत कोशिश करते कि हम लोग दुबारा पहाड़े याद करें मगर उनकी एक न चलती। 'टोडी बच्चा हाय हाय' गाते-गाते ही छुट्टी हो जाती।

हम लोग उन दिनों किराये के मकान में रहते थे। मकान क्या था पूरी हवेली थी। तिमंजिला मकान और बीसियों कमरे। मकान मालिक गेहूँ के प्रमुख व्यापारी थे और 'आटेवाले' के नाम से ही जाने जाते थे। उनकी पत्नी आटेवाली। हमें उन लोगों ने दो कमरे दे रखे थे, दूसरी मंजिल पर। दोनों परिवारों के रहन-सहन में जमीन आसमान का फर्क था। उनके घर से रेडियो की सुरीली आवाज आया करती थी और हमारे घर से मेरे या मेरे भाई के रोने की आवाज। मेरे पिता तरक्की करते-करते हाई स्कूल के अध्यापक हो गये थे। जब हम पढ़ाई की तरफ़ ध्यान न देते तो वे हमें बताया करते थे कि कैसे वे रात को सड़क की रोशनी में बैठ कर पढ़ा करते थे और हम घर में सब सुविधाएँ होते हुए भी पढ़ाई की तरफ़ ध्यान नहीं देते।

मेरा ध्यान खिलौनों में ज्यादा रहता। कुलभूषण के पास मैं कोई खिलौना देखता तो फिर मेरा मन किसी भी चीज में न लगता। मुझे लगता, यह खिलौना मुझे क्यों नहीं मिल पा रहा, उसे क्यों मिल गया है। मुझसे यह असमानता बरदाश्त ही न होती थी।

खिलौने तो हमें तब मिलने लगे जब हमारी मौसी की होशियारपुर में शादी हो गयी। वे कभी आतीं तो हमारे लिए लकड़ी के नन्हे-नन्हे खिलौने लातीं। मुझे याद है एक बार मैंने अपने एक सहपाठी को पेंसिल शार्पनर से पेंसिल छीलते देख लिया तो मैं बहुत देर तक सोचता रहा कि इसके पास यह मशीन कैसे आ गयी। इसने जरूर चोरी की होगी। उस लड़के के पिता घड़ीसाज थे और कभी-कभी स्कूल आया करते थे। मैंने मन ही मन में तय कर लिया, इस बार वह दिखाई देंगे तो मैं कैलाश की शिकायत करूँगा। वे सुनते ही भड़क जाएंगे कि उनके बेटे ने चोरी करके शार्पनर खरीदा है और उसकी पिटाई करेंगे। मगर मेरे आश्चर्य का ठिकाना न रहा जब मैंने उन्हें बताया कि कैलाश के पास पेंसिल छीलने की एक चीज है तो उन्होंने कहा, 'हाँ, है तो ।'

'उसके पास कहाँ से आ गयी?' मैंने पूछा।

'मैंने ही दिलाई थी।' वे बोले और मैं पानी-पानी हो गया। उस दिन पहली बार मुझे महसूस हुआ कि दुनिया की हर चीज हर बच्चे के लिए नहीं होती। मैं बहुत उदास हो गया। ऐसा क्यों है?

कुलभूषण के पास दीवाली के दिनों में मैंने एक ऐसी दियासिलाई देखो जो लाल, पीली, हरी अलग-अलग रोशनी करती थी। मैं भी वैसी दियासिलाई लेना चाहता था मगर मेरी माँ ने यह कहकर टाल दिया कि छोटे बच्चे आग से नहीं खेलते। मैं पापा का इन्तजार करने लगा। वे स्कूल के बाद ट्यूशन पर निकल जाते थे, एक के बाद एक ट्यूशनें और फिर घर लौटकर पढ़ाई। वे इतने थके लौटते कि हमारी जो बात उन्हें पसन्द न आती उसका जवाब एक थप्पड़ से देकर मामला खत्म कर देते। मैं देखता कि कई बार हम सो कर उठते तो पापा ट्यूशन के लिए जा चुके होते और जब वे लौटते तो हम सो चुके होते। हफ्तों हम उन्हें देख ही नहीं पाते। दूसरी तरफ आटेवाले दिन भर मकान के नीचे ही आसन लगा कर पड़े रहते और हर साल मकान की एक और मंजिल तैयार करवा लेते। हमें एक मामूली-सी माचिस भी नहीं मिलती थी। मैं दूर खड़ा कुलभूषण को माचिस जलाते देखता रहा। वह माचिस जला रहा था और मुझे भी जला रहा था। मैं चुपचाप देखता रहा। उसका अहं संतुष्ट हो गया तो वह आले में माचिस रख कर नीचे

चला गया। मेरे लिए अब सुनहरा मौका था। मैंने माचिस उठाई और भूसे वाले कमरे में घुस कर एक के बाद एक तीली जलाने लगा। वहाँ उस समय किसी के आने की गुंजाइश नहीं थी। देखते ही देखते भूसे ने आग पकड़ ली और मैं भाग कर अपने कमरे में लौट आया और तुरन्त बिस्तर पर लेट गया। थोड़ी ही देर में घर में कुहराम मच गया। लोग भागने दौड़ने लगे। आग की लपटें उठ रही थीं। कुछ ही देर में आग बुझाने वाला इंजिन टन-टन करता चला आया। लोगों की भीड़ इकट्ठी हो गयी। आग बुझाने वाले दो तीन इंजिन दो घंटे तक आग बुझाने में लगे रहे तो आग काबू में आई। आग बुझने के बाद पता चला हजारों का नुकसान हो गया। सब लोग अटकल लगाते रहे कि आग लगी कैसे, मगर किसी को कानों कान खबर न हुई। मैं रजाई में उसी तरह दुबका रहा। लोगों का कहना था आग बुझाने वाले इंजिन के आने में और देर हो जाती तो हम सब लोगों के साथ-साथ पूरा घर जल कर राख हो जाता। बात चूँकि बहुत पुरानी है, मुझे याद नहीं कि उस रोज यह रहस्य खुला था या नहीं। वैसे मुझे लग रहा है, उस रोज मुझे गुमसुम सात ही बजे बिस्तर पर लेटे देख घरवालों को शक जरूर

हो गया था कि यह करामात मेरी ही होगी। अगर ऐसा है तो मेरी बहुत जमकर पिटाई हुई होगी।

मगर मैं शुरू से जिद्दी था। किसी चीज के पीछे पड़ जाता तो पाकर ही मानता। जैसे जब मैंने महसूस किया कि अब मुझे कोई शार्पनर नहीं दिलाएगा तो मैंने एक तरकीब निकाल ली। तरकीब बहुत आसान थी। सुबह ही सुबह मैंने अपने पापा के कोट की जेब से एक चवन्नी निकाल कर बस्ते में छिपा ली और दोपहर तक मेरी चोरी का किसी को पता न चला। इस सफलता से मैं रोज चवन्नी-अठन्नी खिसकाने लगा। कई बार तो मेरे पास इतने पैसे हो जाते कि खर्च किये न बनता था। पैसा लौटा ले जाने की हिम्मत न पड़ती थी कि कहीं भेद न खुल जाये। मैं कई बार स्कूल से लौटते हुए पैसे नाली में फेंक देता। आखिर इसका भी हल निकल आया। सीढ़ियों पर अँधेरे में एक आला था, मैं पैसे वहाँ छिपा देता और उसके ऊपर एक ईंट रख देता। एक दिन मेरे आश्चर्य का ठिकाना न रहा। मैंने जहाँ चवन्नी रखी थी, दूसरे दिन जब उठाने लगा तो वहाँ कई चवन्नियाँ थीं।

बाद में बहुत खोजबीन करने पर पता चला कि जमादारिन भी आटेवालों के यहाँ कुछ ऐसी ही गड़बड़ी करती थी और उसका भी यही ठिकाना था।

मेरे पिता उन दिनों बड़े-बड़े लोगों के घर ट्यूशन पढ़ाने जाते थे। कभी उन्हें हम पर स्नेह आता तो मुझे या बड़े भाई को अपने साथ ले जाते। वे ट्यूशन पढ़ाते, हम लोग लॉन में तितलियाँ पकड़ते। मुझे याद है, एक बार मैं उनकी सायकिल के पीछे कैरियर पर बैठा कोठी वालों के यहाँ जा रहा था कि मुझे लगा पापा आज खुश हैं, अपनी परेशानियाँ बतानी चाहिए। मैंने धीरे से कहा, 'पापाजी स्कूल के सब बच्चों को जेब-खर्च मिलता है। हमें बड़ी शर्म आती है।'

पापा जी कुछ देर चुपचाप सायकिल चलाते रहे फिर बोले, 'तुम खुद ही मेरी जेब से निकाल लेते हो। दूसरे बच्चों से ज्यादा पैसे तुम्हारे पास होते हैं।'

उन्होंने पीछे मुड़कर मेरा जर्द पड़ गया चेहरा भी नहीं देखा, चुप-चाप सायकिल चलाते रहे। मुझे बहुत ग्लानि हुई। मैं आज तक नहीं समझ पाया अगर पापा को पता था कि मैं चोरी करता हूँ तो उन्होंने आज तक इसके लिए मुझे डाँटा क्यों नहीं, डाँटना तो दूर की बात, कभी पूछताछ भी नहीं की। उस दिन से मैंने चोरी नहीं की। उस दिन से मुझे दूसरे बच्चों से ईर्ष्या भी नहीं हुई। उस दिन से मैं एक बदला हुआ बच्चा था।

तालीम का मतलब क्या है?

दो साल बाद मुझे पहले वाले स्कूल से छुट्टी मिल गयी। उसके बाद मुझे उसी स्कूल की दूसरी शाखा में डाला गया। वह स्कूल घर से जरा दूर था। किला मुहल्ला। कई बाजारों से होकर वहाँ जाना पड़ता था। वह बड़ा प्रायमरी स्कूल था। आधी छुट्टी के समय घंटी बजते ही दरवाजे बन्द हो जाते। दरअसल दरवाजे पहले बन्द करवा दिये जाते, घंटी बाद में बजती। दो मंजिला इमारत थी। सैकड़ों छात्र। बीसियों अध्यापक। हर अध्यापक के हाथ में छड़ी और सिर पर टोपी। आधी छुट्टी के समय जब फाटक बन्द हो जाता तो लगता कि पूरा स्कूल मुर्गियों का दड़बा बन गया है। सींखचों के बीच से हम लोग सामान खरीदते। चाट, लैमनचूस, चने कुरमुरे, बूढ़ी माई के बाल। कभी-कभी कोई अध्यापक फाटक खुलवा कर बाहर जाते तो हम लोग भी भीड़ के रेले में बाहर निकल जाते। हमारे आकर्षण के दो केन्द्र थे। एक ढिक्की (ढलान) वाली

गली और दूसरा मशहूर गायक सहगल का मकान। ढिक्की वाली गली में इतनी ढलान थी कि हम लोग फिसलते हुए नीचे तक चले जाते। बाद में मैंने ऐसी गली किसी भी शहर में नहीं देखी। प्रसिद्ध गायक सहगल का मकान भी स्कूल के पास ही था। हम लोग भागे हुए जाते और उनके मकान के सामने गाते।

ग़म दिये मुस्तक़िल,
कितना नाज़ुक है दिल,
ये न जाना
हाये हाये ये ज़ालिम ज़माना

या

अच्छा यही कहानी मैं तुम्हें गाकर सुनाता हूँ

सहगल ज्यादातर बम्बई, कलकत्ता में ही रहते थे, कभी-कभार ही जालन्धर आते थे। उन दिनों बड़ा मजा आ जाता। बच्चों को नकल उतारते देख उन्हें बहुत सुख मिलता। चूँकि हम लोगों की आधी छुट्टी बहुत कम समय के लिए होती और उसमें भी आधी फाटक खुलने के इन्तजार में बीत जाती, हम लोग हाँफते हुए वापिस स्कूल पहुँचते।

मगर एक दिन बहुत बुरी खबर आई। स्कूल में छुट्टी हो गयी। पूरा शहर बन्द हो गया। बाजारों में कर्फ्यू-सा लग गया। एकदम सुनसान। सारा शहर सहगलां मुहल्ले पर जमा था। सहगल की मृत्यु हो गयी थी। सहगल के यों अचानक चले जाने से जैसे सारा शहर यतीम हो गया था। बाद में जब सहगल की अर्थी उठी तो सारा शहर 'राम नाम सत्त है' से ज्यादा

'जब दिल ही टूट गया
तो जीकर क्या करेंगे'

गाते हुए पीछे-पीछे चल रहा था।

चौथी कक्षा के बाद हाई स्कूल। शायद पंजाब का सबसे बड़ा स्कूल। उसमें पचास नल थे, बच्चों के पानी पीने के लिए और लगभग इतने ही पाखाने। आधी छुट्टी के समय आप न तो पानी पी सकते थे और हाजत होने पर न पाखाना कर सकते थे। इन दोनों कामों के लिए ताकत और फुर्ती की जरूरत थी। जबकि पी० टी० मास्टर की ड्यूटी लगी रहती थी कि बच्चों को दिक्कत न हो। वे एक कतार बनवाते, दूसरी बिखर जाती। कुछ शरारती बच्चे

फाटक बन्द पाकर दीवारें फाँद जाते। पी० टी० साहब को इसका भी खयाल रखना पड़ता। अगर कहीं हैडमास्टर साहब दिखाई दे जाते तो बच्चों में दहशत फैल जाती। उनका नाम चमनलाल था। सुबह-सुबह प्रार्थना के बाद कुछ बच्चों की सार्वजनिक रूप से बेंत से पिटाई करते थे; आधी छुट्टी के समय ही भाग जाने वाले बच्चों की, अध्यापक से ज़ुबान लड़ाने वाले बच्चों की, नकल करते हुए पकड़े जाने वाले बच्चों की। उनकी बेंत हवा में सरसराती और बच्चा अपना हाथ आगे बढ़ाये खड़ा रहता। बच्चों की आँखों से टप-टप आँसू गिरते। हम लोग मन-ही-मन मनाते, अब कोई भी ऐसा काम नहीं करेंगे जिससे इतनी तकलीफ और इतना अपमान उठाना पड़े।

मेरे पिता चूँकि स्कूल में पढ़ाते थे, इसलिए उनकी हार्दिक इच्छा यही थी कि हम दोनों भाई पढ़-लिख कर किसी कॉलेज में प्रोफेसर हो जाएं। यानी कि उनसे कुछ तरक्की कर जाएं। तरक्की करते-करते मेरे भाई को बहुत छोटी उम्र में ही चश्मा लग गया। दरअसल उसकी दिलदस्पी न साइन्स में थी न संस्कृत में। उन दिनों फर्स्ट

आने वाले लड़के संस्कृत और साइंस लेकर ही हाई स्कूल करते थे। इन दोनों विषयों में गणित की तरह नम्बर मिलते थे, लिहाजा विषयों में रुचि न होते हुए भी, मेरे भाई को यही विषय लेने पड़े।

मेरा भाई फर्स्ट तो नहीं आया, किसी तरह चश्मा-चढ़ी आँखों से फर्स्ट डिवीजन में पास अवश्य हो गया। मेरे पिता को उससे अधिक आशाएँ थीं। उन्होंने जब 'मेरिट लिस्ट' में उसका नाम नहीं पाया तो उन्हें बहुत कष्ट हुआ। मैंने मन ही मन अपने पिता के कष्ट को समझा और तय कर लिया कि अब मैं ही फर्स्ट आकर पिता की साध पूरी करूँगा। वास्तव में मेरे पिता की हम दोनों से बहुत आशाएँ थीं। वे हमें हर जगह सबसे आगे देखना चाहते थे। यहाँ तक कि अगर स्कूल में कोई नाटक भी होता तो मेरे पिता चाहते हम उसमें भी भाग लें। मुझे वह दिन भुलाये नहीं भूलता जब स्कूल के वार्षिक उत्सव पर आयोजित एक समारोह में मेरे भाई ने नन्हा-सा अभिनय किया था। मेरी दादी अम्माँ चार-पाँच बरस में मुश्किल से एक बार शहर आती थीं, उन्हें चिट्ठी लिख कर बुलवाया गया। मेरी मौसी अपने चारों बच्चों को लाद-फांद कर चली आईं। मेरे नाना को चूँकि फालिज मार गया था, इसलिए न तो वे आ पाये

और न मेरे मामा लोग। मेरे, एक चाचा सेना में हवलदार थे, पत्र मिलते ही चले आये।

वार्षिक उत्सव के रोज सबसे ज्यादा भीड़ हमीं लोगों की थी। हम लोगों ने सुबह उठते ही स्नान कर लिया और नये-नये कपड़े पहन लिये। उस दिन दोपहर को दादी अम्मां की आँखें टेस्ट करायी गयीं और शाम तक उनका चश्मा भी बन कर आ गया ताकि वे अपने लाड़ले पोते को मंच पर ठीक तरह से देख सकें। मौसी अपने बच्चों को बिना किसी तैयारी के ले आयी

थीं, इसलिए दिन भर दर्जी बैठा कपड़े सिलता रहा। शाम को जब हम लोग स्कूल की ओर बढ़े तो दृश्य बड़ा मजेदार था। समारोह में पहुँच कर सब लोग ऊँघने लगे। क्योंकि सबसे पहले स्वामी सच्चिदानन्द का एक बेहद लम्बा भाषण हुआ, जो न हमारी समझ में आया न दादी अम्मा के पल्ले पड़ा। उसके बाद गुरुकुल कांगड़ी से आई भजन मण्डली ने एक के बाद एक कई भजन सुनाये। भजन से ज्यादा हमारा ध्यान उस चिमटे की तरफ था, जो हमारा ध्यान सबसे ज्यादा आकर्षित कर रहा था। उसके बाद हेडमास्टर लाला चमनलाल ने स्कूल की प्रगति के बारे में लम्बी वार्षिक रिपोर्ट पढ़ी। बीच-बीच में लोग तालियाँ बजाते। हमें भी ताली बजा कर बड़ा मजा आता। हेडमास्टर साहब की रिपोर्ट अभी खत्म ही हुई थी कि चन्दा देने वालों के नाम पढ़े जाने लगे। उसके बाद क्या हुआ, मुझे नहीं मालूम, क्योंकि मैं अपनी दादी की गोद में सिर रखकर आराम से सो गया था। अचानक किसी ने झंझोड़ कर मुझे जगाया। मेरी आँख खुली तो मैंने देखा, मंच पर दो लड़के खड़े थे, उनमें एक मेरा भाई था। मेरे भाई के माथे से पसीना चू

रहा था। परिवार के तमाम लोग दम साधे टकटकी लगा कर मंच की ओर देख रहे थे। पहले लड़के ने भाई से पूछा-

'सिगरेट पीकर धुआँ उड़ाना?'

'यह भी गलत है।'

पहले लड़के ने भाई से इसी तरह के कई सवाल किये। भाई अपनी काँपती रुआँसी आवाज में हर बार यही कहता रहा,

'यह भी गलत है।'

मेरी मौसी ने अम्मा से कहा, 'बहन मैं कह रही थी न कि तुमने नेकर छोटी काटी है।'

'दादे मगौना शरमा रहा है।'

'दादी अम्मा, दादे मगौना क्या होता है?' मैंने पूछा। मैं बहुत दिनों से पूछना चाहता था।

'चुप रह, चुप रह।' मेरी अम्माँ ने मेरे कान मरोड़ दिये, 'इस लड़के की जुबान तो कैंची की तरह चलती है।'

मंच से आवाज आई, 'स्कूल से भाग कर सिनेमा जाना।'

'यह भी गलत है।'

मुझे मालूम था कि इसके बाद पूछा जायेगा, तो फिर तालीम का मतलब क्या है? मैंने दादी की गोद में मुँह छिपा लिया और चिल्लाकर बोला, 'तो फिर तालीम का मतलब क्या है?'

'भारत को आजाद कराना।' भाई ने कहा और हाल तालियों से गूँज उठा। ज्यादातर तालियाँ वहीं से उठ रही थीं, जहाँ हमारे परिवार के लोग बैठे थे। प्रोग्राम खत्म हुआ कि परिवार के तमाम लोग एकबारगी उठ खड़े हुए। उसके बाद मिडल के बच्चों का एक समूह गान था, मगर वे लोग अपने साथ श्रोता लेकर नहीं आये थे, इसलिए पण्डाल खाली-सा लगने लगा।

मैं उन दिनों सातवीं कक्षा में पढ़ता था। पढ़ाई में मेरा मन नहीं लगता था और इच्छा थी क्लास में फर्स्ट आने की। सच पूछा जाये तो मुझे दिन भर यही अफसोस होता रहता था कि मेरा पढ़ाई में मन क्यों नहीं लगता। मैं सोचता कल से सब ठीक हो जायगा। एक

दिन तंग आकर मैंने तय कर लिया कि पढ़ाई में मन लगे या न लगे, में पढ़ाई शुरू कर दूँगा। मैं उसी समय टाइम-टेबल बनाने में जुट गया। वे गर्मियों के दिन थे, एक बजे दोपहर स्कूल में छुट्टी हो जाती थी। मैंने अपना कार्यक्रम कुछ यों बनाया। डेढ़ बजे घर पहुँचना। डेढ़ से दो गणित, दो से तीन भूगोल। तीन से साढ़े तीन हिन्दी, साढ़े तीन से साढ़े चार अंग्रेजी, साढ़े चार से पांच संस्कृत। टाइम टेबल बनाते-बनाते मुझे ऊँघाई आने लगी। मैंने सोचा थोड़ी नींद ले लूँ। उठकर ताजादम होकर पढ़ाई शुरू करूँगा। गर्मी की उस दोपहरी में कुछ इतनी गहरी नींद लगी कि जब गली में कुल्फी वाले की आवाज सुनाई दी, तभी खुली। मैंने भाग कर घड़ी देखी, साढ़े चार बजने वाले थे। मैंने टाइम टेबल देखा और कुर्सी घसीट कर संस्कृत पढ़ने बैठ गया। कुछ देर में 'फलम् फले फलानि' रटता रहा, फिर पाठ की तरफ ध्यान गया। एक शब्द था- 'सम्प्रतिवान'। कुंजी में अर्थ दिया था- 'हवाले कर दिया' थोड़ी देर बाद जब मैने दुबारा पढ़ा तो अर्थ भूल गया। मगर मैंने तय कर लिया कि आज 'सम्प्रतिवान' का अर्थ कुछ इस तरह से याद करूँगा कि जिन्दगी भर न भूले। मैं कुर्सी से उठा और आँगन में आ गया। आँगन में घूम-घूम कर रटने

लगा: सम्प्रतिवान-हवाले कर दिया, सम्प्रतिवान-हवाले कर दिया, सम्प्रतिवान हवाले कर दिया। यह रटते-रटते में पेड़ पर चढ़ गया। आँगन में शहतूत का पेड़ था। मैं तोड़-तोड़ कर शहतूत खाता रहा और रटता रहा, सम्प्रतिवान हवाले कर दिया। इस तरह दिन ढल गया, शाम हो गयी और रात को जब मैं सोने के लिए लेटा तो दिमाग में हथौड़े की तरह यही गूँज रहा था- सम्प्रतिवान-हवाले कर दिया। सम्प्रतिवान का अर्थ मुझे कुछ इस तरह याद हुआ कि आज भी नहीं भूला। उस दिन रटते-रटते कुछ इतने शहतूत खा गया कि कई दिन तक पेट खराब रहा। घर में किसी को मालूम नहीं पड़ा कि यकायक मेरा पेट क्यों खराब हो गया। मेरी माँ ने मुझे गोद में ले लिया और कहने लगी, 'बेटा इतनी पढ़ाई भी किस काम की?' आज मुझे माँ के भोलेपन पर ममता आती है और अपनी बेवकूफी पर हँसी। रटने पर इतना जोर देने के बजाय अगर समझ बूझ कर पढ़ता तो एक शब्द के लिए न तो इतनी माथापच्ची करनी पड़ती और न ही पेट खराब होता।

एक सौ दस बटा सौ

मैं पढ़ने में कभी इतना कमजोर नहीं रहा कि फेल हो जाउँ और न ही इतना तेज था कि प्रथम आ सकूँ। हमारे स्कूल में होशियार बच्चों के लिए एक अलग सेक्शन था- 'ए' सेक्शन। 'ए' सेक्शन में केवल वही बच्चे प्रवेश पा सकते थे जो साठ प्रतिशत अंक प्राप्त करने की क्षमता रखते हों। मैं इस कतार में नहीं आता था। मगर मेरी हार्दिक इच्छा थी कि मैं 'ए' सेक्शन में ही रहूँ। मेरे पिता चूँकि उसी स्कूल में पढ़ाते थे, मुझे दसवीं में 'ए' सेक्शन में किसी तरह सिफारिश से प्रवेश मिल गया। मेरे अलावा एक और लड़का था। वह किसी बैंक के मालिक का लड़का था और खानदानी रईस। उसे भी 'ए' सेक्शन में प्रवेश मिल गया, जब कि वह पढ़ाई में मुझ से भी गया गुजरा था। उसका नाम वीरेन्द्र था। वह पढ़ाई में जरूर कमजोर था मगर उसका रहन-सहन और कपड़े पहनने आदि का ढंग कई प्रिंसिपलों, इजीनियरों तथा उद्योगपतियों के लड़कों से

अधिक प्रभावित करता था। यद्यपि मैं और वीरेन्द्र क्लास के सबसे कमजोर लड़के थे मगर अध्यापक लोग हमारा विशेष ध्यान रखते थे। मेरा, मेरे पिता के कारण और वीरेन्द्र का, उसके खानदान के कारण। शायद वह स्कूल का एकमात्र लड़का था जो कार में स्कूल आता था और कार में वापिस जाता था। वीरेन्द्र से मेरी दोस्ती होते देर न लगी। मैं अगर पढ़ाई में कमजोर था तो केवल अपनी लापरवाही की वजह से, जब कि वीरेन्द्र अतिरिक्त लाड़ प्यार में पला ऐसा बच्चा था जिसे स्कूल के अध्यापक पर उतना भरोसा नहीं था जितना अपने घर के अध्यापक पर। वह मुँह में टॉफी रख लेता और चूसता रहता। मैं चूँकि उसका मित्र था, मेरे मुँह में भी लगातार टॉफी रहती। घर में मेरी पढ़ाई का कोई इन्तजाम नहीं था। मेरे पिता भी घर में मुझे नहीं पढ़ा पाते थे, क्योंकि उन्हें मकान बनवाना था और मकान बनवाने के लिए पैसे की जरूरत थी। वे दिन रात ट्यूशनें करते, दूसरे-दूसरे बच्चों को पढ़ाते जबकि उनका अपना बच्चा केवल सिफारिशों के बल पर 'ए' सेक्शन में टिका था। वीरेन्द्र की हालत मुझसे भी चिन्ताजनक थी। इन सब स्थितियों में भी मैं उससे अधिक अंक प्राप्त करता था।

मुझे सबसे अधिक आश्चर्य तो तब हुआ जब भैरों बाजार के एक हलवाई के लड़के, जिसका नाम रोशन था, छमाही परीक्षा में तमाम प्रिंसिपलों, इञ्जीनियरों और उद्योगपतियों के लड़कों को पछाड़ दिया। उस दिन मैंने महसूस किया कि प्रथम कोई भी आ सकता है, उसका बाप चाहे प्रिंसिपल हो या हलवाई। बाद में मेरी दोस्ती रोशन से हो गयी। हम दोनों एक ही वर्ग से आये थे। यानी कि पूरी क्लास गें बगैर इस्त्री किये कपड़े पहनने वाले हम दो ही थे। हम दोनों में एक और समानता थी। हम लोगों के घर वालों ने हमें गर्म कोट तो सिलवा दिये थे, मगर पतलून की जगह हम पाजामा पहनने को विवश थे। वह मेरे यहाँ आने लगा। उससे प्रेरणा पाकर मैं बहुत आगे निकल जाता, मगर तब तक वार्षिक परीक्षा में बहुत कम समय रह गया था।

हमारे स्कूल में गणित सेकेण्ड हैडमास्टर पढ़ाते थे। लम्बी चौड़ी देह, बड़ी-बड़ी मूँछें। बच्चों पर उनका इतना प्रभाव था कि उनके क्लास में आते ही सन्नाटा खिंच जाता। रोशन के सम्पर्क में आने के बाद मैं क्लास में टॉफियां चूसने के बजाय अध्यापक की तरफ

ध्यान देने लगा था। अचानक मैंने महसूस किया कि ब्लैक बोर्ड पर लिखे अक्षर मुझे धुँधले से दिखायी देते हैं। इससे पहले मेरे भाई की नज़र कमजोर हो चुकी थी। माता-पिता में इस बात को लेकर बहुत चिन्ता रहती थी। मैंने सोचा, मैं अपनी आँखों के बारे में बताऊँगा तो ये और दुःखी होंगे। मैं भाई की शीशी में से विटामिन 'ए' निकाल-निकाल कर खाने लगा। घर में आँखों की देख-रेख के बारे में एक विश्वविख्यात पुस्तक थी, मैं उस पुस्तक को पढ़ता और उसमें दिये गये व्यायाम करता। मगर आँखें और कमजोर होती चली गयीं। मैंने अपने निकट के मित्रों को भी भनक नहीं लगने दी कि मेरी नजर कमजोर हो रही है। उस पुस्तक में मेरा इतना विश्वास था कि वर्षों मैं चुपचाप प्राकृतिक विधि से अपनी चिकित्सा करता रहा। अपनी कमजोर आँखों से ही मैंने सोलह जमातें पास कर लीं और रणधीर कॉलेज कपूरथला में हिन्दी का प्राध्यापक हो गया। चश्मा तो मैंने तब लगाया जब दयानन्द कॉलेज हिसार में चला गया। अब सोचता हूँ कि हाई स्कूल में ही चश्मा लगा लेता तो नजर इतनी कमजोर न होती और निश्चय ही तमाम परीक्षाओं में और अधिक अंक प्राप्त करता।

एक बार छमाही परीक्षा में बिना पढ़े लिखे ही अधिक अंक प्राप्त करने का मैंने ऐसा प्रयत्न किया था जो आज तक नहीं भूला। उस परीक्षा में मुझे सौ में से एक सौ दस अंक प्राप्त हो गये थे। परीक्षक थे वही सैकेंड हेडमास्टर साब। उन्होंने मुझे बुलवा भेजा तो मेरे प्राण सूख गये। वे लॉन में बैठे कुर्सी पर धूप ले रहे थे कि मैं पहुँचा। मुझे देखते ही वे पहचान गये कि में मास्टर रघुनाथ सहाय का बेटा हूँ।

'बरखुरदार, तुम अपने बाप का नाम खूब रोशन करोगे।' मेरा पेपर उनके हाथ में था। मैं चुपचाप उनकी कुर्सी के निकट खड़ा रहा। उन्होंने मेरे पिता को बुलवा भेजा। तब तक वे खूँ-खूँ करते हुए अखबार पढ़ते रहे, जैसे शेर हमले के लिए अपने को तैयार कर रहा हो। थोड़ी ही देर में मेरे पिता आते हुए दिखाई दिये। मेरी सिट्टी पिट्टी गुम हो गयी ।

'बरखुरदार, तुम भी मेरे विद्यार्थी रहे हो, मगर कभी तुमने सौ में से एक सौ दस नम्बर पाये हैं?'

'क्या मतलब?' मेरे पिता को यह सवाल बड़ा अटपटा लगा। उन्होंने उड़ती हुई नजर से मुझे अपराधी की तरह सेंकेंड हेडमास्टर की कुर्सी के पीछे खड़ा हुआ देखकर जरूर सोचा होगा कि उन्हीं की औलाद ने आज कोई नया गुल दिखाया है। मैं अपने पिता के स्वभाव से परिचित था। उन पर हर चीज की दो ही प्रतिक्रियाएँ होती थीं- पीठ थपथपाना या झापड़ पेश करना। झापड़, जिसे पंजाबी में चपेड़ कहते हैं, की संभावना से मैं दो कदम और पीछे हट गया ।

'तुम्हारे बरखुरदार ने आज रिकार्ड तोड़ दिये हैं, उसे सौ में से एक सौ दस नम्बर मिले हैं।'

'क्या मतलब ?' मेरे पिता ने फिर पूछा ।

'देखो अभी बताता हूँ।' सेकेंड हेडमास्टर साहब ने हाथ पीछे ले जाकर मुझे अपनी तरफ खींचना चाहा, मगर मैं एक सुरक्षित

फासले पर खड़ा या। मेरे पिता ने उनका इरादा भाँप कर मुझे उनके आगे कर दिया, जैसे भेड़िये के सामने बकरी डाल दी हो ।

संकेंड हैडमास्टर साहब ने मेरे कान पकड़ लिये और धीरे-धीरे उमेठने लगे, 'बरखुरदार सौ में से एक सौ दस नम्बर तुमने कैसे पा लिये?'

मैं चुपचाप सिर झुकाये खड़ा रहा।

'मैं पिछले तीस बरसों से पढ़ा रहा हूँ, आज तक किसी ने सौ में से एक सौ दस नम्बर नहीं पाये।' सेंकेंड हैडमास्टर साहब, जिन्हें हम लोग सेकेंड मास्टर कहते थे, मेरे पिता की तरफ देखते हुए बोले, 'तुम्हारे साहबजादे को दस में से सात सवाल आते थे। इसने सात सवाल करने के बाद चार सवाल फिर कर दिये। मैं दस सवाल का दस दस नम्बर देता चला गया। जब आखिर में योग किया तो एक सौ दस।' सैकेंड मास्टर साहब ने मेरा कान इतनी जोर से उसेठा कि मेरी चीख निकल गयी।

मेरी चीख सुनकर मेरे पिता का गुस्सा भड़क गया। उन्होंने बहुत कस कर मेरे दाहिने गाल पर एक तमाचा रसीद किया। मेरा गाल लाल हो गया होगा, मेरे गाल पर पिता की उंगलियाँ छप गयी होंगी, मगर मेरे पिता ने तुरन्त मेरे बायें गाल पर उससे भी अधिक शक्तिशाली तमाचा जड़ दिया।

मैंने मन ही मन तय कर लिया घर जाकर अपनी अम्माँ को अपने दोनों गालों पर छपी पिता की उँगलियाँ दिखाउँगा और रो-रोकर उनको इतना प्रभावित कर दूँगा कि पिता को काफ़ी उलझन हो जायेगी। मुझे विश्वास हो गया था कि मेरे पिता के इस अन्याय का बदला केवल मेरी अम्माँ ही ले सकती हैं।

मेरे पिता मेरे दाहिने गाल पर एक और तमाचा जड़ने जा रहे थे कि सकेंड मास्टर साहब ने उनका हाथ थाम लिया, 'बरख़ुरदार ने गलती तो बहुत बड़ी की है, मगर यह एक ऐसी गलती है जो किसी ने पिछले तीस बरसों में नहीं की थी। मगर इसने एक सवाल कम किया होता तो तुम्हीं इसे चूमते चाटते कि बेटा सौ में सौ नम्बर पाकर तुमने बाप का नाम रौशन किया है। मुझे ताज्जुब तो इस बात का है कि इसने चौथा सवाल दोबारा क्यों कर दिया।'

मेरे पिता मुझे पीट कर वैसे ही पसीज चुके थे। सैकेंड मास्टर साहब की बात से उनके मन में मेरे प्रति थोड़ा स्नेह उभर आया। इस बात का अंदाज मैंने यों कर लिया कि वे

चोर नजरों से मेरी तरफ बड़े पश्चाताप की मुद्रा में देख रहे थे। छमाही परीक्षा के बाद जब 'ए' सेक्शन के दूसरे लड़के दिन रात पढ़ाई में जुट गये, मुझे एक नया शौक लग गया। एक दिन मैं स्कूल के हाल के पास से गुजर रहा था कि मैंने देखा हमारे संस्कृत के अध्यापक एक अल्मारी खोल कर किताबों की झाड़ पोंछ कर रहे थे। उन पुस्तकों के कवर मुझे बहुत अच्छे लगे। इससे पहले मैंने बच्चों की ही कुछ किताबों देखी थीं। स्कूल के वार्षिक उत्सव पर कुछ प्रकाशक स्कूल में शिक्षाप्रद पुस्तकों की दुकानें लगाते थे। हम लोगों को दो एक पुस्तकें खरीद दी जाती थीं, जिन्हें हम एक ही दिन में पढ़ लेते थे। मगर शास्त्रीजी के पास बड़ी-बड़ी पुस्तकें थीं। एक पुस्तक नीचे गिरी हुई थी, मैं उठा कर पढ़ने लगा। खड़ा-खड़ा मैं कई पृष्ठ पढ़ गया। इस बीच आधी छुट्टी हो गयी, मुझे अपने पास खड़ा देख कर शास्त्रीजी चौंक गये। वे अल्मारी को ताला लगा रहे थे। उस दिन पहली बार मुझे पता चला स्कूल में कोई लाइब्रेरी भी है।

शास्त्री जी ने मेरे हाथ से लेकर पुस्तक देखी और पूछा, 'तुम मास्टर रघुनाथ सहाय के लड़के हो?'

'जी।' मैंने कहा और उनके निर्णय की प्रतीक्षा करने लगा।

'पढ़ लो, अच्छी किताब है, मगर पढ़ कर लौटा देना।'

मैंने पुस्तक ली और पानी की टंकी के पीछे जाकर पढ़ने लगा। जब छुट्टी की घंटी बजी तो क्लास रूम में जाकर बस्ता उठा लाया। वह पुस्तक थी- सेवा सदन। लेखक थे मुँशी प्रेमचन्द। पुस्तक में मेरा इतना मन लगा कि मैं स्कूल से घर लौटते हुए भी उसे पढ़ता गया। रात को मैं पुस्तक समाप्त करके ही सोया। मेरे पिता जब ट्यूशन पढ़ा कर लौटे तो उन्होंने मुझे जगता हुआ पाया, वे बहुत खुश हुए कि मैं पढ़ाई में अभी से जुट गया हूँ।

यह मेरा साहित्य से प्रथम परिचय था। इससे पूर्व मैंने केवल जासूसी किस्म के ही उपन्यास पढ़े थे। दूसरे दिन मैंने स्कूल जाने से पहले उपन्यास बस्ते में रख लिया। सोचा शास्त्री जी को लौटा कर नया उपन्यास लूँगा। क्लास में पहुँच कर मैंने कई लड़कों को

उपन्यास की कहानी सुनायी। सबने उसे पढ़ने की इच्छा जाहिर की। मगर मैं उपन्यास लौटा कर दूसरा उपन्यास लेना चाहता था। आधी छुट्टी के समय जब मैंने उपन्यास निकालने के लिए बस्ते में हाथ डाला तो उपन्यास नदारद था। न मालूम किस लड़के ने मेरे बस्ते से निकाल लिया था। मुझे बड़ा कष्ट हुआ। अब शास्त्री जी को क्या मुँह दिखाउँगा और वे पहली पुस्तक वापिस लिये बगैर अगली पुस्तक देंगे नहीं मैंने बहुत खोज की। खाना भी नहीं खाया। मगर वह उपन्यास न मिला। न मुझे उपन्यास मिला और न मैं ही फिर कभी शास्त्रीजी से मिला।

मुझे माई हीराँ दरवाजे पर एक दुकान का पता था, जहाँ उपन्यास वगैरह किराये पर मिलते थे। मैं वहाँ से पुस्तकें ला-लाकर पढ़ने लगा। वार्षिक परीक्षा नजदीक आ रही थी, मगर मैं सर से पैर तक साहित्य में डूब चुका था। मेरी दुनिया, मेरा वतन बदल चुका था। मैं उत्तर प्रदेश के गाँव में जीने लगा। प्रेमचन्द के हर पात्र से मेरा निकट का रिश्ता जुड़ गया। होरी और घीसू मेरे मुहल्ले के लोग बन गये।

ऐसी स्थिति में मैंने हाई स्कूल परीक्षा पास की। हमारे घर में हिन्दी कोई नहीं जानता था। मेरे पिता अंग्रेजी के अध्यापक थे और उर्दू पर उन्हें अच्छा अधिकार था। भाई ने भी हिन्दी कभी नहीं पढ़ी। एक दिन जब मैं अपने बड़े भाई से साहित्य पर चर्चा करने लगा तो उसे बड़ा आश्चर्य हुआ। उसने मेरी लिखी दो एक कहानियाँ सुनीं और मुझसे पूछा, 'अच्छा यह बताओ साहित्य किसे कहते हैं?'

में हक्का-बक्का रह गया। मैंने उपन्यास कहानी खूब पढ़ रखे थे मगर साहित्य की समझ नहीं पैदा कर सका था। वह अपनी किताबों से एक किताब ढूंढ़ कर लाया और मुझे पढ़ाने लगा, 'हमारी कसौटी पर वही साहित्य खरा उतरेगा, जिसमें स्वाधीनता का भाव हो, जीवन की सच्चाइयों का प्रकाश हो, जो हममें गति और बेचैनी पैदा करे, सुलाये नहीं, क्योंकि अब और ज्यादा सोना मृत्यु का लक्षण है।' ये शब्द थे हिन्दी के उपन्यास सम्राट प्रेमचन्द के। 'सम्प्रतिवान' की तरह ही तरह मैंने वे शब्द रट लिए। सुबह जब मैं देर तक सोता तो भाई मेरी खाट के पास खड़ा हो कर मुझे चिढ़ाता, 'अब और सोना मृत्यु का लक्षण है।'

बाद में मेरे भाई ने एक दिन मुझे प्रेमचन्द का एक बड़ा-सा चित्र लाकर दिया। मैंने वे शब्द चित्र के नीचे चिपका लिए। मगर साहित्य में मेरी रुचि बढ़ती गयी। बाद में आकाशवाणी से मेरी रचनाएँ प्रसारित होने लगीं। इससे पैसा भी मिलने लगा। स्कूल के किसी भी बच्चे से अधिक पैसे मेरी जेब में होते। जिस किताब को पढ़ने की इच्छा होती मैं खरीद कर पढ़ता। पंजाब के दैनिक पत्रों के रविवारीय संस्करणों में मेरी रचनाएँ छपने लगीं। मैं अभी कॉलेज में गया भी नहीं था कि डॉ० इंद्रनाथ मदान, उपेन्द्रनाथ अश्क, यशपाल, मोहन राकेश से मेरा परिचय हो गया। उन दिनों श्री यश हिन्दी मिलाप के सम्पादक थे। उन्होंने मुझे लिखने के लिए सदैव प्रोत्साहित किया। मैं जब अपने बचपन की तरफ देखता हूँ, तो मुझे अपने स्कूलों की खूब याद आती है।

स्कूल में परीक्षा के अन्तिम दिन हम लोग स्कूल को प्रणाम करके निकलते थे। मेरी माता का विश्वास था, इससे

उसी क्लास में दोबारा नहीं जाना पड़ेगा। मुझे आज भी वह क्षण याद है जब मैं हाई स्कूल की अन्तिम परीक्षा देकर अपने स्कूल की बड़ी इमारत के सामने प्रणाम की मुद्रा में खड़ा था। उस समय एक ओर स्कूल छूटने का दुःख था दूसरी ओर कॉलेज में जाने का चाव।

अनबाउंड स्क्रिप्ट

मेरी पाठशालाएँ : रवीन्द्र कालिया

अनबाउंड स्क्रिप्ट से प्रथम संस्करण : 2025

ISBN : 978-93-48497-16-1

प्रकाशक : अनबाउंड स्क्रिप्ट
2/41, अंसारी रोड, दरियागंज, दिल्ली - 110002
वेबसाइट : www.unboundscript.com
ई-मेल : books@unboundscript.com
फोन नं. : 011-35807601
Meri Pathshalayein
by Ravindra Kalia

मूल्य : ₹125/-

मुद्रक : विकास कंप्यूटर एंड प्रिंटर्स, लोनी, गाजियाबाद, उत्तर प्रदेश